Wok

BLUME

Contenido

Diversidad infinita
Los ingredientes típicos

La cocina asiática es variada y saludable en lo que concierne a los ingredientes típicos: abundante verdura fresca, poca carne, algo de pescado y una diversidad infinita de especias aromáticas y exquisitas, pastas y salsas más o menos picantes. Casi todos los guisos se acompañan con los tradicionales fideos o arroz al vapor. Son especialmente apreciados el arroz de jazmín tailandés y el arroz glutinoso japonés. Los fideos de arroz no deben cocerse, tan sólo remojarse unos minutos, según el tipo, en agua caliente. Como la cocina del Lejano Oriente tiene cada vez más seguidores, muchas de las hierbas, especias, verduras u otros ingredientes necesarios en la cocina asiática con wok suelen estar disponibles en los supermercados bien surtidos. Los más exóticos o poco usuales pueden encontrarse en las tiendas especializadas en artículos orientales. Es preferible que todos los ingredientes sean frescos. La breve cocción en el wok conserva la mayoría de sus vitaminas, lo que lo convierte en una nueva alternativa en la cocina. Y quien ha cocinado una vez con jengibre o hierba limonera, renunciará con gusto a las especias secas o molidas. Los aromas frescos tienen un sabor inigualable y refuerzan la calidad de los platos.

Las **CEBOLLAS TIERNAS** (izquierda) tienen un aroma suave. La parte verde del tallo, de aroma más intenso, también es apreciada en la cocina con wok.

1 **CHILES,** parientes picantes de los pimientos, dan un sabor picante a los guisos preparados en el wok. Las vainas inmaduras son verdes, y las maduras, rojas. Habitualmente los chiles pequeños son más fuertes que los grandes.

2 Los **BROTES DE BAMBÚ** son los tallos jóvenes del bambú. Se cortan como los espárragos cuando tienen unos 30 cm de longitud. Prácticamente sólo pueden obtenerse en conserva.

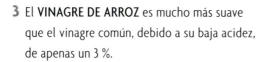

3 El **VINAGRE DE ARROZ** es mucho más suave que el vinagre común, debido a su baja acidez, de apenas un 3 %.

4 Las **SETAS SHIITAKE**, también conocidas como setas chinas y tongu, tienen un aroma muy intenso. Están disponibles todo el año.

5 El **ARROZ BASMATI** es el más noble de los arroces de grano largo, con un gusto delicado y un aroma definido. Es un arroz aromático ideal para freír.

6 El **CILANTRO** tiene aplicaciones diversas en la cocina asiática: las hojas verdes son muy aromáticas y se utilizan como el perejil. Las raíces, ralladas o troceadas, tienen un sabor aún más intenso. El aroma dulce y florido de las semillas recuerda a la cáscara de naranja.

7 El **JENGIBRE** puede impartir un gusto desde afrutado hasta muy picante en función de la cantidad empleada. Puede comprarse fresco o seco y molido; sin embargo, el aroma del fresco es mucho mejor.

7

En Asia, los **FIDEOS** pueden ser de harina de trigo, alforfón o trigo sarraceno o integrales. Los fideos de arroz (de harina de arroz) son una especialidad, al igual que los fideos transparentes (también llamados de celofán), que se preparan con fécula de judías mungo.

La **SALSA DE SOJA** es el condimento universal de la cocina asiática. Son muy apreciadas las salsas oscuras y saladas de China y Japón. Para los platos de pescados y verduras, se emplean variedades más claras y suaves, ya que no colorean los ingredientes.

El **TAMARINDO** se usa generosamente en Tailandia e Indonesia como parte de las mezclas de especias, y proporciona a los guisos un sabor ligeramente ácido. En Europa se encuentra disponible sólo en forma de bloques de pasta prensados.

El **TOFU** es en Asia un alimento básico y se prepara a partir de leche de soja cuajada. Es fácil de cortar, rico en proteínas y bajo en colesterol. Su sabor es muy suave, por lo que debe condimentarse.

La **HIERBA LIMONERA** tiene forma de tallo o caña. Únicamente se emplea la parte blanca interna del tallo, mientras que las hojas externas y la base se desechan. Proporciona a los guisos sabor a limón y un gusto picante.

6

Paso a paso
Técnicas culinarias más importantes

Tanto los aficionados como los profesionales de la cocina alaban por igual este utensilio maravilloso: hervir, asar, cocer al vapor, rehogar, estofar, saltear o freír, todo puede hacerse en el wok. Casi todo puede cocinarse en este recipiente relativamente plano y ancho. Los woks tradicionales son de hierro o acero. Los más modernos están fabricados con una aleación de aluminio, lo que permite una mejor distribución del calor. Es aconsejable utilizar el wok en una cocina de gas. Si su cocina es eléctrica, escoja un wok de fondo plano a fin de asegurar la verticalidad y la buena distribución del calor. La mayoría de los woks tienen un diámetro de entre 32 y 40 cm. Elija el de mayor tamaño, ya que así podrá preparar porciones individuales sin problema y mucho más rápidamente que en uno pequeño. Para estofar y cocer al vapor debe disponer de una tapa, que suele suministrarse con el wok. También resulta práctica una pala de wok para remover y una rejilla que se encaje sobre el borde del recipiente. Para limpiar un wok de hierro necesitará un cepillo de bambú. Todo lo demás lo tendrá ya en su cocina.

Preparar los chiles

1 Lave y seque los chiles. Córtelos longitudinalmente con un cuchillo de cocina.

2 Elimine los tallos, las semillas y las membranas blancas. Enjuáguelos y déjelos escurrir.

3 Córtelos en tiritas o rodajas. Tenga cuidado: son muy picantes, por lo que debe lavarse las manos después de tocarlos.

Preparar la hierba limonera

1 Elimine las hojas externas y la parte superior seca del tallo. Lave y seque el tallo.

2 Trocee el tallo y córtelo luego en tiras longitudinales. Agregue las tiras al guiso y retírelas antes de servirlo.

3 O bien pique los tallos con un cuchillo, aunque entonces no podrá retirarlos antes de servir.

Así se trabaja paso a paso

1 La carne para cocinar en el wok debe cortarse en trozos que puedan comerse de un bocado.

2 Prepare una mezcla de salsa de soja, vino de arroz y especias para adobar. Añada la carne y déjela reposar 15 minutos.

3 Mientras tanto prepare los restantes ingredientes, como las verduras y las especias.

4 Dore los ingredientes, uno tras otro, y resérvelos. Al final vuelva a mezclarlo todo, añada las especias y déjelo rehogar unos minutos.

Saltear: así de fácil

1 Prepare todos los ingredientes, así como las especias requeridas. Caliente el wok y sólo cuando humee añada un poco de grasa.

2 Saltee los ingredientes sin dejar de remover, hasta que estén al dente. Conforme estén a punto, apártelos hasta que todo esté listo.

Platos en wok fáciles

1 Prepare todos los ingredientes. Cocine aquellos que deben prepararse con antelación, como los fideos o el arroz, según las instrucciones del envoltorio.

2 Dore en el wok los ingredientes principales finamente cortados. Comience por la carne y resérvela.

3 Dore ligeramente la verdura, cortada en tiras finas o pequeños dados. Escalde los trozos más grandes antes de dorarlos.

4 Mezcle todos los ingredientes en el wok. Sazone con las especias y rehogue unos minutos.

Hortalizas

Ensalada de col
y cacahuetes

Una colorida y variada ensalada amarilla, roja y blanca: la col fina y los pimientos afrutados frescos se realzan con miel para obtener un crujiente divertimento vitamínico.

Ingredientes

150 g de **col blanca**

1 **hinojo** grande

1 **pimiento rojo**

1 **pimiento amarillo**

2 cucharadas de **aceite de sésamo**

2 **chiles rojos**

4 cucharadas de **salsa de soja**

4 cucharaditas de **miel**

sal

pimienta de Sichuán

4 cucharadas de **cacahuetes tostados**

Preparación
PARA 4 PERSONAS

1 Prepare, lave y seque la col blanca centrifugándola y córtela en tiras muy finas. Prepare, lave y ralle el hinojo. Lave los pimientos, elimine las semillas y membranas internas y córtelos en tiras finas.

2 Caliente el wok y añada el aceite. Saltee la col, el hinojo y los pimientos durante 2 minutos sin dejar de remover y sin que se doren. Déjelos enfriar.

3 Lave los chiles, elimine las semillas y píquelos finamente.

4 Prepare una salsa mezclando la salsa de soja, el chile, la miel, la sal y la pimienta de Sichuán.

5 Una vez la col, los pimientos y el hinojo están fríos, mézclelos con la salsa y déjelos reposar 20 minutos como mínimo en la nevera. Antes de servir, esparza por encima los cacahuetes.

Los aficionados a las hortalizas crudas también pueden disfrutar de esta ensalada asiática sin necesidad de wok: sustituya la col blanca por calabacín y el pimiento rojo por una cebolla roja grande.

Bocaditos de tofu
a la mantequilla de lima

Fácil de preparar y muy refrescante para un cálido día veraniego: el tofu macerado es uno de los platos más característicos de la cocina asiática.

Ingredientes

2 limas

3 cucharadas de **salsa de soja** clara

1 cucharadita rasa de **pimienta**

1 cucharadita rasa de **azúcar**

400 g de **tofu** fresco

100 g de **mantequilla**

4 cucharadas de **aceite vegetal**

Preparación
PARA 4 PERSONAS

1 Lave y seque las limas. Ralle la piel de una lima. Córtela por la mitad y exprima cada parte.

2 Mezcle la salsa de soja, la pimienta, el azúcar y 3/4 partes del zumo de lima, y remueva bien hasta que el azúcar se disuelva.

3 Corte el tofu en lonchas de 1 cm de grosor. Pincélelo por ambas caras con la mezcla anterior. Déjelo reposar 15 minutos.

4 Bata la mantequilla. Añádale la ralladura y el zumo de lima restante cucharada a cucharada.

5 Caliente el wok y añada el aceite. Fría las lonchas de tofu hasta que se doren.

6 Deje derretir la mantequilla de lima sobre las lonchas de tofu fritas. Retírelas del wok y colóquelas inmediatamente en una fuente caliente. Si lo desea, puede sazonar con un poco de pimienta groseramente molida.

Si prefiere una textura un poco más crujiente, reboce el tofu macerado. Pase las lonchas de tofu maceradas por harina, huevo batido y, finalmente, por maicena. Fríalas como de costumbre.

Hortalizas agridulces
con piña y jengibre

Simplemente irresistible: los platos agridulces son tradicionales en Asia.
Las crujientes y coloridas hortalizas seducirán a los más sibaritas con su toque picante.

Ingredientes

100 g de **col china** · 125 g de **zanahorias**

125 g de **setas shiitake**

125 g de **tirabeques**

50 g de **jengibre** fresco

2 **dientes de ajo**

2 **chiles rojos**

100 g de **brotes de bambú** en conserva

150 g de **piña** fresca

4 cucharadas de **aceite de girasol**

4 cucharadas de **vinagre de arroz**

4 cucharadas de **salsa de soja**

4 cucharadas de **jerez**

2 cucharadas de **azúcar**

200 ml de **caldo de pollo**

1 cucharadita rasa de **maicena**

Preparación
PARA 4 PERSONAS

1 Lave y seque la col china, corte las hojas en sentido longitudinal y después en tiras de 2 cm de ancho. Pele las zanahorias y córtelas en rodajas finas. Limpie las setas con papel de cocina y corte las pequeñas por la mitad y las grandes en cuartos. Lave y trocee los tirabeques.

2 Pele el jengibre y córtelo en lonchas muy finas. Pele el ajo y píquelo finamente. Lave y elimine las semillas de los chiles y córtelos en tiras muy finas.

3 Escurra los brotes de bambú. Pele la piña, elimine el corazón y trocee la carne.

4 Caliente el wok y añada el aceite. Dore las zanahorias y las setas. Añada la col china y los tirabeques y déjelos cocer un poco. Incorpore el jengibre, el ajo y el chile, y saltéelos brevemente. Añada los brotes de bambú, la piña, el vinagre, la salsa de soja, el jerez y el azúcar. Vierta 3/4 partes del caldo de pollo y mezcle.

5 Deslíe la maicena con el resto del caldo, añádalos al recipiente y remueva inmediatamente. Deje hervir 2 minutos.

El pakchoi, una variedad de col asiática, tiene un aroma muy suave, más fino que el de la col china, a la que puede sustituir. A veces se le denomina hojas chinas.

Tofu agridulce
con hortalizas

Preparación
PARA 4 PERSONAS

1 Corte el tofu en dados. Mezcle la salsa de soja y la salsa agridulce y macere los dados de tofu 30 minutos en esta mezcla.

2 Prepare y lave las cebollas tiernas, las zanahorias y los pimientos y córtelos en tiras.

3 Pele la piña, elimine el corazón y trocee la carne.

4 Caliente el wok y añada el aceite. Dore las hortalizas hasta que estén al dente. Añada los dados de tofu y los gérmenes de soja, y saltéelos ligeramente.

5 Incorpore la piña y saltéela ligeramente. Mezcle la maicena con 200 ml de agua y añada el ketchup, la salsa de soja y el vinagre de jerez. Vierta esta mezcla sobre las hortalizas y déjela hervir poco tiempo.

18

Ingredientes

250 g de **tofu**

3 cucharadas de **salsa de soja**

4 cucharadas de **salsa agridulce**

8 **cebollas** tiernas

3 **zanahorias**

2 **pimientos rojos**

250 g de **piña** fresca

2 cucharadas de **aceite de sésamo**

150 g de **gérmenes de soja**

2 cucharaditas de **maicena**

3 cucharadas de **ketchup**

4 cucharadas de **salsa de soja**

4 cucharadas de **vinagre de jerez**

Ingredientes

500 g de **col blanca** · 1 **pimiento rojo**

200 g de **piña** fresca

1 tallo de **hierba limonera**

1 **pimiento verde**

2 cucharadas de **salsa de soja clara**

4 cucharadas de **jerez**

1 cucharadita de **salsa de chile**

sal · ½ cucharadita de **pimienta de Sichuán**

1 cucharadita de **maicena**

2 cucharadas de **coco** rallado

1 cucharada de **semillas de sésamo**

½ cucharadita de **cáscara de limón** rallada

4 cucharadas de **aceite vegetal**

200 g de **gérmenes de soja**

Col salteada
con piña fresca

Preparación
PARA 4 PERSONAS

1 Lave la col y el pimiento y córtelos en tiras finas. Pele la piña, elimine el corazón y trocee la carne. Lave y pique la hierba limonera. Lave el pimiento verde, elimine las semillas y córtelo en tiras finas.

2 Mezcle vigorosamente la salsa de soja, el jerez, la salsa de chile, la sal, la pimienta y la maicena.

3 Tueste el coco rallado y las semillas de sésamo en el wok sin grasa. Mézclelos con la cáscara de limón rallada.

4 Caliente el wok y añada el aceite. Saltee las tiras de col y pimiento sin dejar de remover hasta que estén al dente. Añada la piña, la hierba limonera, el pimiento verde y los gérmenes de soja y, a continuación, la salsa. Saltee unos 2 minutos y, antes de servir, esparza por encima la mezcla de semillas de sésamo y coco rallado.

Dim sum
con cebollas y gérmenes de soja

Típicamente asiático: los pequeños tentempiés con su picante relleno se preparan rápidamente y siempre son ideales para sorprender.

Ingredientes

2 cebollas tiernas

½ pimiento amarillo

1 guindilla roja

1 diente de ajo

50 g de **gérmenes de soja**

2 cucharadas de **aceite de sésamo**

80 ml de **salsa de soja**

200 g de **harina** para trabajar con el rodillo

25 g de **jengibre** en conserva

Preparación
PARA 4 PERSONAS

1 Prepare y lave las cebollas tiernas y el pimiento amarillo y córtelos en dados pequeños. Lave la guindilla, elimine las semillas y píquelas finamente. Pele el ajo y píquelo fino. Ponga los gérmenes de soja en un colador y remójelos en agua fría, déjelos escurrir y píquelos groseramente.

2 Caliente el aceite en el wok. Saltee los brotes de soja, las cebollas tiernas, los dados de pimiento, la guindilla y el ajo durante 2 minutos. Sazone con un poco de salsa de soja y deje enfriar.

3 Coloque la harina sobre una tabla, añádale poco a poco agua hirviendo mientras la amasa hasta obtener una pasta lisa.

4 Forme 12 bolitas con la masa, y extienda cada una hasta formar un círculo de unos 10 cm de diámetro. Distribuya el relleno en el centro. Doble los círculos sobre sí mismos a la vez que forma unos pliegues en la unión. Cuézalos en un cestillo de bambú o con el accesorio para cocer al vapor del wok durante 10 minutos. Mezcle el jengibre en conserva con la salsa de soja restante y prepare una salsa para remojar los dim sum.

Prepare una salsa picante con 1 cucharada de cilantro verde picado, 2 cucharadas de aceite de sésamo, 3 cucharadas de salsa de soja, 2 cucharadas de zumo de lima, 1 cucharadita de ajo picado y sambal oelek (pasta de guindillas).

Albondiguillas de hortalizas
con yogur

Preparación

1 Prepare y lave las hortalizas. Ralle la zanahoria y el apio con la cara gruesa del rallador. Corte el pimiento en dados pequeños, la col rizada en tiras finas y las cebollas tiernas en aros finos.

2 Ponga las hortalizas en un cuenco, añada los gérmenes de soja lavados, la salsa de soja, las hierbas y las especias, y mézclelo bien. Incorpore también los huevos y la harina.

3 Deje reposar la masa unos 30 minutos y pruebe si puede formar albóndigas con ella. Si es necesario añada algo más de harina.

4 Forme pequeñas albondiguillas de tamaño regular. Caliente el aceite en el wok y fría las albondiguillas por pequeñas tandas. Retírelas con una espumadera y escúrralas sobre papel de cocina. Sírvalas con el yogur.

22

Ingredientes

1 **zanahoria** grande · 100 g de **col rizada**

100 g de **apio**

½ **pimiento rojo**

4 **cebollas** tiernas

50 g de **gérmenes de soja**

2 cucharadas de **salsa de soja**

1 **diente de ajo** picado

1 cucharada de **hojas de cilantro** picadas

½ cucharadita de **jengibre** molido

1 cucharadita de **curry** · **pimienta** · **sal**

3 **huevos** · 6-7 cucharadas de **harina**

aceite para freír · 150 g de **yogur natural**

Ingredientes

200 g de **harina integral**

1 **huevo** · 1 **yema de huevo**

2 pizcas de **sal**

1 cucharada de **albahaca** finamente picada

200 g de **tomates cereza**

300 g de **champiñones** pequeños

2 **puerros**

aceite para freír

1 **lima**

Tempura de hortalizas
a la lima

Preparación
PARA 4 PERSONAS

1 Prepare una masa lisa con la mitad de la harina, el huevo, la yema de huevo, 200 ml de agua, sal y albahaca. Déjela reposar 15 minutos.

2 Lave y seque los tomates cereza. Limpie las setas con papel de cocina. Prepare y lave el puerro y córtelo en trozos de unos 2 cm de longitud.

3 Caliente el aceite en el wok.

4 Reboce las hortalizas en la harina restante y páselas por la masa. Fríalas inmediatamente en el aceite caliente hasta que estén doradas.

5 Escurra las hortalizas sobre papel de cocina. Lave la lima, séquela y córtela en gajos.

6 Acompañe la tempura con los gajos de lima.

Rollitos de primavera
de hortalizas

El clásico relleno vegetal de gérmenes de soja, setas chinas y zanahorias
se transforma en un crujiente capricho.

Ingredientes

250 g de **harina** de fuerza

1 cucharadita rasa de **sal**

2 **zanahorias** grandes · 250 g de **pakchoi**

4 **cebollas** tiernas

150 g de **setas shiitake**

3 cucharadas de **aceite de sésamo**

3 cucharadas de **vino de arroz**

4 cucharadas de **salsa de soja**

200 g de **gérmenes de soja**

pimienta · **chile** molido

1 cucharada de **jengibre** molido

1 cucharada de **hojas de cilantro** picadas

2 cucharadas de **semillas de sésamo**

tostadas

1 **clara de huevo** · **aceite** para freír

Preparación
PARA 4 PERSONAS

1 Amase la harina, 150 ml de agua tibia y la sal hasta obtener una
masa elástica. Tápela con un paño húmedo y déjela reposar
2 horas. Extienda la masa sobre la superficie de trabajo enharinada
hasta formar una lámina muy fina y córtela en 8 rectángulos del
mismo tamaño.

2 Lave la verdura. Pele las zanahorias. Corte las zanahorias y el
pakchoi en tiras muy finas. Lave las cebollas tiernas y las setas
y córtelas en tiras finas.

3 Caliente el wok y añada el aceite. Saltee las hortalizas, añada el
vino de arroz y la salsa de soja y llévelo a ebullición. Incorpore
los gérmenes lavados. Sazone con pimienta, chile y jengibre,
y mezcle con el cilantro y las semillas de sésamo.

4 Deje enfriar el relleno y distribúyalo sobre los rectángulos de
pasta. Doble los bordes de los extremos largos de los rectángulos
y enrolle los rollitos por el lado estrecho. Para asegurar el cierre
de los rollitos, pincele los bordes con clara de huevo y presiónelos.

5 Limpie el wok y caliente el aceite. Fría los rollitos por tandas,
unos 8 minutos, hasta que estén dorados.

**Resulta delicioso un relleno de
espinacas y queso de oveja: mezcle 500 g
de espinacas escaldadas y picadas con
6 cebollas tiernas picadas, 2 dientes de ajo
picados y 250 g de dados de queso de oveja.**

Espinacas
con tofu y sésamo

Preparación
PARA 4 PERSONAS

1 Prepare las espinacas y lávelas con agua fría. Hierva un dedo de agua en el wok, añada la sal y después las hojas de espinacas. Tápelo y déjelo cocer hasta que las espinacas se hayan ablandado. Déjelas escurrir en un colador, enjuáguelas con agua fría y escúrralas de nuevo. Pique las espinacas y distribúyalas en cuencos pequeños.

2 Corte el tofu en dados de 1 cm aproximadamente. Pele el ajo y córtelo en láminas finas.

3 Tueste las semillas de sésamo en el wok sin aceite. Resérvelas. Caliente la mitad del aceite en el wok y dore el ajo. Mezcle la salsa de soja con el aceite restante, el azúcar y el vino de arroz, viértalo sobre el ajo y llévelo a ebullición. Agregue las semillas de sésamo tostadas.

4 Añada los dados de tofu y caliente la mezcla. Viértala sobre las espinacas.

Ingredientes

250 g de **hojas de espinacas**

1 cucharadita rasa de **sal**

150 g de **tofu**

2 **dientes de ajo**

2 cucharadas de **semillas de sésamo**

2 cucharadas de **aceite de sésamo**

1 cucharada de **salsa de soja**

1 cucharada de **azúcar**

1 cucharada de **vino de arroz**

Ingredientes

1 **coliflor** pequeña

6 **zanahorias** · 4 **calabacines** pequeños

4 **cebollas** tiernas

1 **guindilla roja**

sal · 3 cucharadas de **mantequilla**

1 sobre de **hebras de azafrán**

1 cucharadita de **cúrcuma**

½ cucharadita de **jengibre** en polvo

½ cucharadita de **comino**

pimienta · 3 cucharadas de **zumo de limón**

1 lata pequeña de **leche de coco** sin edulcorar

2 cucharadas de **hojas de cilantro** picadas

Hortalizas multicolores
con azafrán y cúrcuma

Preparación
PARA 4 PERSONAS

1 Prepare y lave las hortalizas. Divida la coliflor en ramitos. Corte las zanahorias por la mitad en sentido longitudinal, cuartee los calabacines también longitudinalmente y ambos en trozos de 3 cm de largo. Corte las cebollas tiernas en trozos grandes. Elimine las semillas de la guindilla y córtela en tiras finas.

2 Hierva un dedo de agua en el wok, añada la sal. Hierva los ramitos de coliflor 4 minutos con el wok tapado. Añada las zanahorias y cueza 3 minutos más. Escurra las hortalizas. Derrita la mantequilla en el wok. Saltee el pimiento, el azafrán, la cúrcuma, el jengibre y el comino.

3 Añada la coliflor, las zanahorias, el calabacín y las cebollas tiernas, remueva y saltee durante 4 minutos.

4 Sazone con sal y pimienta, añada el zumo de limón y la leche de coco, llévelo a ebullición y añada el cilantro.

Revoltillo
de setas chinas

Con un pequeño esfuerzo, obtendrá un resultado fenomenal: a partir de un simple revoltillo creará un plato aromático, refinado y exótico en un abrir y cerrar de ojos.

Ingredientes

3 **setas negras chinas** secas

3 **setas shiitake** secas

1 **chile rojo** pequeño

10 g de **jengibre** fresco

2 **cebollas** tiernas

2 **ramitas de cilantro**

4 **huevos**

2 cucharaditas de **salsa de soja**

pimienta

1 cucharadita de **aceite de cacahuete**

1 cucharadita de **aceite de girasol**

Preparación
PARA 4 PERSONAS

1 Coloque las setas secas en un cuenco y cúbralas con agua hirviendo. Déjelas en remojo 15 minutos.

2 Lave el chile, elimine las semillas y córtelo en tiras finas. Pele el jengibre y píquelo finamente. Prepare y lave las cebollas tiernas y córtelas en tiras finas. Lave el cilantro, séquelo y corte las hojas.

3 Escurra las setas y trocéelas. Bata los huevos y añádales la salsa de soja, la pimienta y el aceite de cacahuete.

4 Caliente el wok y añada el aceite. Saltee las setas brevemente y añádales después los ingredientes restantes, a excepción del huevo. Añada el huevo y déjelo cocer hasta que comience a cuajarse. Aparte el huevo cuajado hacia los extremos del wok mientras termina la cocción de las partes todavía líquidas.

5 Sírvalo sobre platos o cuencos calientes y adórnelo con las hojas de cilantro.

Por supuesto, también puede preparar el revoltillo con setas frescas. Lávelas únicamente si están muy sucias. Si no, basta con frotarlas ligeramente con papel de cocina.

Fideos y arroz

Fideos de celofán
con gambas y setas

Una delicia para todos los amigos de lo asiático. Un plato muy popular
que se puede comprar en China en prácticamente cualquier puesto callejero.

Ingredientes

400 g de **gambas** (listas para cocinar)

50 g de **setas negras** chinas

4 **dientes de ajo**

1 **chile** seco

200 g de **tirabeques**

200 g de **champiñones**

1 lata de **mazorcas de maíz** baby

100 g de **tofu**

15 g de **jengibre** fresco

4 cucharadas de **aceite de sésamo**

3 cucharadas de **salsa de soja**

2 cucharadas de **salsa de ostras**

sal

pimienta

300 g de **fideos de celofán**

Preparación
PARA 4 PERSONAS

1 Enjuague las gambas en un colador bajo un chorro de agua fría
y déjelas escurrir. Cubra las setas con agua hirviendo y deje que
se rehidraten durante 15 minutos. Escúrralas y lávelas bien para
eliminar cualquier resto de arena.

2 Pele y pique los dientes de ajo. Muela el chile en el mortero.
Prepare y lave los tirabeques. Limpie los champiñones con papel
de cocina y córtelos en láminas regulares. Escurra el maíz
y cuartee las mazorcas en sentido longitudinal. Corte el tofu
en dados. Pele el jengibre y rállelo finamente.

3 Caliente el wok y añada el aceite. Incorpore, en este orden, los
tirabeques, los champiñones, el ajo y las setas y saltéelos a fuego
vivo unos 2 minutos. Aparte las hortalizas a un lado del wok
y añada el maíz, las gambas y los dados de tofu. Saltee todo
1 minuto a fuego vivo sin dejar de remover.

4 Añada la salsa de soja, el jengibre rallado, la salsa de ostras y el
chile molido. Mezcle bien las hortalizas con las gambas y las
especias, sazone con sal y pimienta y saltee 1 minuto más.

5 Cubra los fideos de celofán con agua hirviendo y déjelos en
remojo 10 minutos. Elimine el agua, mójelos de nuevo con agua
caliente y déjelos escurrir brevemente. Añádalos a la mezcla de
hortalizas y gambas y sírvalos bien calientes.

32

Arroz frito exótico
con manzana y pescado

Una creación con el toque exótico del Lejano Oriente: las gambas y el pescado invitan a las manzanas, las pasas y los gérmenes de soja a un banquete culinario.

Ingredientes

1 **cebolla** grande

400 g de **hinojo**

1 **pimiento rojo**

150 g de **gérmenes de soja**

3 cucharadas de **aceite de sésamo**

150 g de **arroz**

2 cucharadas de **salsa de soja**

500 g de filete de **lenguado**

1 cucharada de **zumo de limón**

250 g de **manzana**

100 g de **gambas** (listas para cocinar)

50 g de **pasas**

1 cucharadita de **eneldo** seco

Preparación
PARA 4 PERSONAS

1 Pele la cebolla y píquela finamente. Lave el hinojo y el pimiento y córtelos en tiras finas. Lave los gérmenes de soja y déjelos escurrir.

2 Caliente el wok y añada el aceite. Sofría la cebolla hasta que esté transparente, añada el arroz y dórelo brevemente. Incorpore las tiras de hinojo y pimiento y sofríalas sin dejar de remover unos 10 minutos. Vierta 1/4 l de agua y la salsa de soja y déjelo cocer 25 minutos.

3 Trocee el pescado, rocíelo con el zumo de limón y déjelo marinar 10 minutos. Mientras tanto, pele las manzanas, cuartéelas, elimine el corazón y córtelas en lonchas finas.

4 Añada las rodajas de manzana y el pescado al wok; déjelos cocer 10 minutos. Enjuague las gambas en un colador bajo un chorro de agua fría, escúrralas brevemente e inclúyalas en el arroz.

5 Añada las pasas, los gérmenes de soja y el eneldo y mézclelos a fondo. Cuézalo unos 2 minutos más y sírvalo adornado con ramitas frescas de eneldo.

Las manzanas ligeramente ácidas realzan el aroma del plato, ya que al cocerse no se ablandan demasiado.

34

Fideos de huevo chinos
con pollo y gambas

Preparación
PARA 4 PERSONAS

1 Ponga a hervir abundante agua en una cacerola y añada la sal. Sumerja los fideos chinos en el agua, sepárelos con ayuda de unos palillos, apague el fuego y déjelos en remojo en el agua de 2 a 3 minutos. Viértalos en un colador, enjuáguelos con agua fría y déjelos escurrir.

2 Prepare y lave las cebollas tiernas y córtelas en rodajas. Pele y pique los dientes de ajo. Corte la pechuga de pollo en tiras. Lave el chile, saque las semillas y píquelo fino.

3 Caliente el wok y añada el aceite. Saltee los ingredientes ya preparados en el wok sin dejar de remover: en primer lugar añada la carne y luego las gambas. A continuación, el ajo y las cebollas y finalmente el chile.

4 Antes de servirlo, incluya en el wok los gérmenes de soja limpios, las especias y los fideos, y mézclelo todo con cuidado.

Ingredientes

sal

250 g de **fideos de huevo chinos**

1 manojo de **cebollas** tiernas

2 **dientes de ajo**

300 g de **pechuga de pollo**

1 **chile**

4 cucharadas de **aceite vegetal**

100 g de **gambas** (listas para cocinar)

50 g de **gérmenes de soja**

1 cucharada de **jengibre** molido

4 cucharadas de **salsa de soja**

Ingredientes

250 g de **fideos de huevo chinos**

sal

1 **col china** pequeña

100 g de **setas shiitake**

300 g de **solomillo de cerdo**

1 **chile rojo**

3 cucharadas de **aceite vegetal**

1 cucharada de **jengibre** molido

1 tallo de **hierba limonera**

½ cucharadita de 5 **especias chinas**

2 cucharadas de **vino de arroz**

4 cucharadas de **salsa de soja**

Fideos indonesios
con carne de cerdo

Preparación
PARA 4 PERSONAS

1 Sumerja los fideos en agua hirviendo salada, sepárelos con ayuda de unos palillos, apague el fuego y déjelos en remojo de 2 a 3 minutos. Viértalos en un colador, enjuáguelos bajo un chorro de agua fría y déjelos escurrir.

2 Limpie la col china y córtela en tiras de 1 cm de grosor. Lave las setas con papel de cocina. Corte las setas y la carne en lonchas finas.

3 Lave el chile, córtelo en sentido longitudinal, elimine las semillas y píquelo finamente.

4 Caliente el wok y añada el aceite. Saltee de forma sucesiva la carne, las setas y la col. Añada las especias y rocíe el conjunto con vino de arroz y salsa de soja. Mézclelo con los fideos y prosiga la cocción unos 3 minutos.

Fideos de arroz
con albahaca a la tailandesa

Este plato es especialmente refinado gracias a su aromático perfume. La albahaca y los fideos de arroz ofrecen una buena combinación para el paladar.

Ingredientes

200 g de **fideos de arroz anchos**

4 **dientes de ajo**

4 **escalonias**

2 **chiles verdes**

2 **chiles rojos**

2 ramitas **de albahaca**

250 g de filete de **ternera**

4 cucharadas de **aceite vegetal**

sal

2 cucharadas de **salsa de ostras**

2 cucharadas de **salsa de pescado**

1 cucharada de **azúcar**

1 cucharada de **vinagre**

1 cucharadita de **caldo en polvo**

instantáneo

Preparación
PARA 4 PERSONAS

1 Deje en remojo los fideos de arroz durante 10 minutos en agua caliente. Escúrralos y córtelos con las tijeras en trozos de 10 cm de longitud.

2 Pele los dientes de ajo y las escalonias; lave y elimine las semillas de los chiles. Triture todo en un mortero o con un robot de cocina.

3 Lave y seque la albahaca. Separe las hojas de los tallos y trocéelas finamente. Corte el filete de ternera en tiras finas.

4 Caliente el wok y añada el aceite. Fría la mezcla de ajo hasta que comience a desprender un aroma intenso.

5 Añada la carne y saltéela sin dejar de remover. Sazónela con sal.

6 Añada los fideos de arroz y, sin dejar de remover, agregue la salsa de ostras y de pescado, el azúcar, el vinagre, el caldo y un poco de agua, y déjelo hervir 1 minuto. Finalmente añada la albahaca. Sírvalo inmediatamente.

Los amantes de las hierbas pueden sustituir la albahaca por una mezcla de menta y melisa (toronjil). Pique las hierbas y mézclelas con los fideos antes de servirlos.

Bolitas de arroz rellenas
de carne picada

Estas deliciosas albóndigas de arroz harán las delicias de los amigos de la cocina oriental.
La clave: el relleno las convierte en un plato original y sorprendente.

Ingredientes

150 g de **arroz** japonés

100 g de **gambas** crudas, sin pelar

2 **cebollas** tiernas

5 **castañas de agua** (en conserva)

150 g de **carne de cerdo** picada

1 **huevo**

1 cucharada de **fécula de patata**

2 cucharadas de **salsa de pescado**

pimienta

2 cucharadas de **aceite vegetal**

Preparación
PARA 4 PERSONAS

1   Deje en remojo el arroz japonés de 8 a 10 horas en agua tibia, elimine el agua y cuézalo unos 20 minutos al vapor.

2   Lave las gambas, pélelas y elimine el conducto intestinal. Pique la carne.

3   Lave las cebollas y córtelas en rodajas finas. Corte las castañas de agua en trozos pequeños.

4   Mezcle todos los ingredientes, salvo el arroz.

5   Tome unas 2 cucharadas de arroz y forme un círculo plano. Coloque 1 cucharada de la mezcla de carne en el centro, envuélvala con el arroz y forme una bola regular. Repita la operación hasta agotar todos los ingredientes.

6   Engrase con aceite el fondo de una cesta de bambú y coloque encima las bolas de arroz. Ponga a hervir un dedo de agua en el wok. Introduzca la cesta de bambú y cueza al vapor unos 15 minutos. Sirva las albóndigas de arroz con salsa de chile y hortalizas.

No es fácil preparar el arroz japonés. Déjelo en remojo la víspera anterior y prepárelo con tiempo. Una variante dulce consiste en rellenar las albóndigas con una mezcla de pasas y nueces.

Arroz frito
con anacardos

La fantasía aparece en cada bocado: nueces crujientes, pimientos frescos y cebollas tiernas aromáticas que convierten al arroz en un plato extraordinario para cada día.

Ingredientes

sal · 250 g de **arroz** de grano largo

1 **pimiento rojo** pequeño

1 **pimiento amarillo** pequeño

1 **pimiento verde** pequeño

100 g de **pepino**

2 **cebollas** tiernas

100 g de **anacardos**

4 cucharadas de **aceite vegetal**

pimienta

Preparación
PARA 4 PERSONAS

1 Ponga a hervir 1 l de agua, sálela, añada el arroz y revuélvalo una vez. Lleve el líquido de nuevo a ebullición, tape el recipiente y déjelo cocer a fuego muy lento 20 minutos. Deje que el arroz cocido se enfríe.

2 Lave los pimientos, córtelos por la mitad en sentido longitudinal, elimine las semillas y membranas. Corte los pimientos en dados pequeños.

3 Lave el pepino y córtelo en dados pequeños. Lave las cebollas tiernas y córtelas en tiras finas.

4 Caliente el wok. Tueste los anacardos sin aceite, sáquelos del wok y resérvelos. Vierta el aceite en el wok y caliéntelo. Añada los pimientos, pepinos y cebollas y saltéelos ligeramente. Incorpore el arroz y los anacardos, mézclelo bien y déjelo freír 3 minutos.

5 Sazone el arroz frito con sal y pimienta. Fríalo 2 minutos más. Sírvalo en platos o cuencos precalentados.

El arroz frito tendrá una textura más crujiente si sustituye 100 g de arroz de grano largo por arroz silvestre. Resultan ideales los cacahuetes o las almendras peladas y partidas por la mitad.

Fideos de huevo
con col y setas shiitake

Preparación
PARA 4 PERSONAS

1 Prepare los fideos según las instrucciones del envoltorio, cociéndolos en agua hirviendo salada hasta que estén al dente. Viértalos en un colador, enjuáguelos con un chorro de agua fría y déjelos escurrir.

3 Cuartee la col blanca, elimine el tronco y corte los cuartos transversalmente en tiras finas.

3 Pele la zanahoria y córtela longitudinalmente en lonchas finas y luego en tiras. Limpie y corte las setas por la mitad.

4 Caliente el wok, vierta la mitad del aceite y saltee las tiras de col y zanahoria sin dejar de remover a fuego medio. En ningún momento deben dorarse. Saque las hortalizas. Caliente el aceite restante en el wok y fría las setas a fuego vivo hasta que se doren.

5 Añada al wok las hortalizas a tiras y los fideos. Mézclelo todo bien y sazone con sal, pimienta, 5 especias chinas y salsa de soja.

44

Ingredientes

250 g de **fideos de huevo** asiáticos instantáneos

sal

400 g de **col blanca**

1 **zanahoria** grande

200 g de **setas shiitake**

4 cucharadas de **aceite de cacahuete**

pimienta

1 cucharadita de 5 **especias** chinas

4 cucharadas de **salsa de soja**

Ingredientes

200 g de **fideos de celofán**

2 **zanahorias**

1 **pimiento amarillo**

1 **calabacín** mediano

1 **chile rojo**

1 **diente de ajo**

4 cucharadas de **aceite de sésamo**

sal · **pimienta** · 2 cucharadas de **salsa de soja**

1 cucharada de **salsa de ostras**

100 g de **gérmenes de soja**

1 cucharada de hojas de **cilantro** picadas

1 cucharada de **semillas de sésamo**

Fideos de celofán
con hortalizas y sésamo

Preparación
PARA 4 PERSONAS

1 Remoje los fideos de celofán en agua tibia durante 10 minutos.

2 Pele las zanahorias. Lave el pimiento, divídalo longitudinalmente, elimine las semillas y las membranas. Corte las zanahorias, las mitades del pimiento y el calabacín en tiras finas. Lave el chile, elimine las semillas y píquelo finamente. Pele los dientes de ajo.

3 Caliente 3 cucharadas de aceite en el wok y fría los dientes de ajo hasta que estén dorados. Retírelos y saltee las hortalizas sin dejar que se doren. Sazónelas con sal y pimienta.

4 Escurra los fideos. Córtelos en trozos con unas tijeras y mézclelos con las hortalizas. Añada las salsas de soja y ostras, 1 cucharada de aceite y los gérmenes lavados. Esparza por encima el cilantro y las semillas de sésamo.

Arroz indonesio al curry
con pollo

Una especialidad que crea adicción: curry, pollo y hierba limonera son una combinación sencillamente perfecta.

Ingredientes

200 g de **pechuga de pollo**

1 cucharada de **miel**

3 cucharadas de **salsa de soja**

2 cucharadas de **curry**

1 cucharada de **ketchup**

1 cucharadita de **maicena**

2 tallos de **hierba limonera**

1 manojo de **cebollas** tiernas

1 **pimiento rojo**

2 **dientes de ajo**

1 **chile rojo**

4 cucharadas de **aceite de sésamo**

500 g de **arroz basmati** hervido

Preparación
PARA 4 PERSONAS

1 Enjuague la carne con agua fría, séquela y córtela en tiras finas.

2 Prepare un adobo con la miel, la salsa de soja, 1 cucharada de curry, el ketchup y la maicena. Viértalo sobre la carne y déjela reposar 15 minutos.

3 Lave la hierba limonera, córtela por la mitad a lo largo y luego en anillos finos. Prepare y lave las cebollas tiernas y córtelas en trozos de 1 a 2 cm de largo. Prepare y lave el pimiento y córtelo en dados pequeños.

4 Pele y pique el ajo. Lave el chile, elimine las semillas y córtelo en tiras muy finas.

5 Caliente el wok y vierta el aceite. Fría la carne. Añada la cebolla, la hierba limonera y el pimiento y saltéelos brevemente. Incorpore el ajo y el chile. Añada el arroz frío y saltee unos 3 minutos más. Finalmente, incluya el curry restante y remueva bien.

¿No le apetece carne? El arroz al curry se transforma en un plato vegetariano si sustituye el pollo por unos plátanos. En este caso, prepare sólo la mitad del adobo y fría el plátano muy poco.

Fideos de celofán
con pollo y hortalizas

Plato de pasta muy apreciado por los chinos: tierna pechuga de pollo y coloridas hortalizas al estilo del Lejano Oriente.

Ingredientes

500 g de filete de **pechuga de pollo**

2 **pimientos verdes**

4 **zanahorias**

100 g de **apio**

2 **cebollas** tiernas

2 **chiles rojos**

6 cucharadas de **aceite de sésamo**

400 ml de **caldo de pollo**

4 cucharadas de **salsa de soja** clara

sal

pimienta

200 g de **fideos de celofán**

algunas **hojas de cilantro**

Preparación
PARA 4 PERSONAS

1 Corte los filetes de pechuga de pollo en tiritas. Prepare, lave y corte los pimientos y las zanahorias en tiras finas. Pele el apio y córtelo en dados pequeños. Prepare y lave las cebollas tiernas y córtelas en rodajas finas. Lave los chiles, elimine las semillas y píquelos finamente.

2 Caliente el wok y añada 2 cucharadas de aceite. Sofría ligeramente la carne. Vierta el caldo de pollo y la salsa de soja. Déjelo cocer 15 minutos y retire la carne.

3 Cueza en el mismo fondo de cocción, uno tras otro y durante 4 minutos cada uno, las zanahorias, luego las tiras de pimiento y, finalmente, las cebollas tiernas. Retírelos. Cueza a continuación el apio y el chile durante 5 minutos. Sazone el conjunto con sal y pimienta.

4 Mientras tanto, prepare los fideos según las instrucciones del envoltorio. Viértalos en un colador, páselos bajo un chorro de agua fría y déjelos escurrir.

5 Devuelva la carne y las hortalizas al caldo caliente y mézclelos con los fideos. Aderécelo con el aceite de sésamo restante y decórelo con las hojas de cilantro.

Si añade al caldo un tallo de hierba limonera cortada en rodajas finas junto con el cilantro, obtendrá un sabor un poco picante aunque igualmente ácido y refrescante.

Cazuela asiática de fideos
con gambas y mango

Esta sopa aromática con fideos de huevo, gambas y mango es un plato que todos los amantes de la cocina asiática deberían probar.

Ingredientes

200 g de **fideos de huevo chinos**

250 g de **gambas** (ultracongeladas)

1 manojo de **cebollas** tiernas

1 **mango** maduro

1 cucharada de **aceite de girasol**

150 ml de **caldo vegetal**

50 ml de **salsa de soja**

zumo de 1 **limón**

1 cucharadita de **sambal oelek** (pasta

de guindillas indonesia)

2 cucharadas de **chutney de mango**

sal · pimienta

2 **limas**

3 cucharadas de **cebollino**

Preparación
PARA 4 PERSONAS

1 Cueza los fideos según las instrucciones del envoltorio hasta que estén al dente, viértalos en un colador, enjuáguelos con agua fría y déjelos escurrir. Coloque las gambas en un colador, páselas bajo un chorro de agua caliente y déjelas escurrir.

2 Prepare y lave las cebollas tiernas y córtelas en tiras muy finas de 5 cm de longitud. Pele el mango y corte la carne en dados.

3 Caliente el wok y añada el aceite. Fría las gambas durante 3 minutos. Mójelas con el caldo de verduras. Añada las cebollas tiernas y los fideos y déjelo hervir 5 minutos.

4 Sazone la preparación con la salsa de soja, el zumo de limón, el sambal oelek, chutney de mango, sal y pimienta. Déjelo reposar 10 minutos.

5 Lave y seque las limas. Corte una en gajos y la cáscara de la otra en juliana.

6 Reparta la preparación en cuencos y añádales los dados de mango, el cebollino y los gajos y la juliana de lima.

Como variante, puede sustituir las gambas por pechuga de pollo ligeramente troceada. Con ello aumentará el tiempo de cocción en 5 minutos.

Carne
y aves

Ragú de pollo
con jengibre y arroz

Arroz basmati perfumado con un toque a jengibre acompañado por la carne de pollo y las hortalizas crujientes.

Ingredientes

250 g de **arroz basmati** · sal

6 **cebollas** tiernas

6 **zanahorias** pequeñas

500 g de filetes de **pechuga de pollo**

pimienta

4 cucharaditas de **maicena**

4 cucharadas de **aceite vegetal**

200 g de **gérmenes de soja**

1 cucharadita de **jengibre** molido

4 cucharadas de **vino de arroz**

4 cucharadas de **salsa de soja**

Preparación
PARA 4 PERSONAS

1 Lave el arroz a fondo en un colador con un chorro de agua y hiérvalo con el doble de su volumen de agua. Añada un poco de sal y cuézalo a fuego lento con el recipiente tapado.

2 Prepare y lave las cebollas tiernas y córtelas en rodajas finas. Pele las zanahorias, divídalas por la mitad a lo largo y córtelas en trozos grandes.

3 Corte el pollo en lonchas finas transversales. Sazónelo con sal y pimienta y páselo por la maicena.

4 Caliente el wok y agregue el aceite. Saltee la carne removiéndola sin cesar, retírela y resérvela al calor. Agregue al wok las cebollas, las zanahorias y los gérmenes de soja lavados y saltéelos 5 minutos; remueva de vez en cuando. Sazónelo con el jengibre, el vino de arroz y la salsa de soja. Llévelo a ebullición y sazónelo con la sal y la pimienta.

5 Distribuya la preparación en los platos, reparta la carne sobre las hortalizas y acompáñelo con el arroz basmati.

El jengibre tiene un aroma típico. Sus aceites etéreos facilitan la digestión y refuerzan el sistema inmunológico. El jengibre fresco aporta un aroma más intenso que el molido.

Pechuga de pato
con fideos al cilantro

¿Le apetece algo exótico? La suave carne de pato, la miel y el aromático cilantro
satisfarán a los más exigentes amantes de las aves.

Ingredientes

250 g de **fideos de huevo chinos**

sal

600 g de filete de **pechuga de pato**

1 cucharada de **miel** líquida

4 cucharadas de **salsa de soja**

½ cucharadita de **sambal oelek**

(pasta de guindillas indonesia)

1 **pimiento rojo**

1 manojo de **cebollas** tiernas

3 cucharadas de **aceite vegetal**

2 cucharadas de **zumo de limón**

½ l de **caldo de pollo**

2 cucharadas de **hojas de cilantro**

picadas

Preparación
PARA 4 PERSONAS

1 Prepare los fideos en agua salada según las instrucciones del
envoltorio. Colóquelos en un colador, enjuáguelos con agua fría
y déjelos escurrir bien.

2 Corte la pechuga de pato en lonchas finas. Mezcle la miel con
la salsa de soja y el sambal oelek. Deje reposar la carne unos
30 minutos en esta mezcla.

3 Corte el pimiento longitudinalmente, elimine las semillas
y las membranas. Lave las mitades y córtelas en tiras finas.

4 Prepare y lave las cebollas tiernas. Corte la parte blanca en tiras
finas, y la verde en rodajas.

5 Saque la carne del adobo, déjela escurrir y reserve el líquido. Fría
el pato en el wok bien caliente con 1 cucharada de aceite. Retírelo
y resérvelo. Saltee el pimiento y las cebollas tiernas en el aceite
restante hasta que estén al dente. Sazónelos con sal y zumo de
limón y añada el caldo y el líquido del adobo. Agregue la pechuga
de pato y los fideos, llévelo de nuevo a ebullición y sírvalo
adornado con el cilantro.

En lugar del filete de pechuga de pato,
puede utilizar pechuga de pavo o pollo.
En este caso, modifique el adobo
añadiéndole 2 cucharadas de zumo
de lima y una cucharadita de miel.

56

Pavo guisado
con leche de coco

Descubra la **magia** de la cocina tailandesa. La leche de coco cremosa y el color amarillo del curry se unen en eterna **armonía** con la carne y las hortalizas.

Ingredientes

600 g de filete de **pechuga de pavo**

1 **pimiento rojo**

250 g de **cebollas** tiernas

1 manojo grande de **albahaca**

400 ml de **leche de coco** sin edulcorar

1 cucharada de **pasta de curry** amarilla

2 cucharadas de **salsa de soja**

1 cucharada de **azúcar**

Preparación
PARA 4 PERSONAS

1 Lave y seque la pechuga de pavo. Corte los trozos con un cuchillo de cocina afilado en lonchas finas y luego en tiras también muy finas.

2 Corte el pimiento por la mitad a lo largo, y elimine las semillas y las membranas. Lave las mitades y córtelas en tiras finas. Prepare y lave las cebollas tiernas y córtelas en rodajas de 1 cm de grosor. Lave y sacuda la albahaca. Separe las hojas de los tallos. Pique la mitad de las hojas y reserve el resto para decorar el plato.

3 Hierva la leche de coco en el wok, añada la pasta de curry y deje que hierva 1 minuto más. Agregue la pechuga de pavo y prosiga la cocción 4 minutos; remueva de vez en cuando.

4 Añada las hortalizas preparadas y prosiga la cocción durante 3 minutos. Sazónelo con la albahaca picada, salsa de soja y el azúcar. Decore el plato con la albahaca reservada.

Las hojas frescas de albahaca desplegarán mejor su aroma si antes de servir se fríen durante 1 minuto en aceite muy caliente. Compre la pasta de curry amarilla en tiendas de productos orientales.

Rollitos de pavo
rellenos de eneldo y gambas

Preparación
PARA 4 PERSONAS

1 Mezcle el vino de arroz y la salsa de soja y adobe el pavo en esta mezcla durante 30 minutos.

2 Escalde las hojas de col china en agua salada hirviendo, enjuáguelas con agua fría y déjelas escurrir en un colador.

3 Corte las gambas en trozos pequeños, aderécelas con el zumo de limón y el jengibre y mézclelas con el eneldo y el queso crema. Distribuya esta mezcla en porciones iguales sobre los filetes de carne.

4 Coloque los filetes sobre las hojas de col china y doble los lados largos sobre sí mismos. Enrolle las hojas de col china empezando por el lado estrecho y colóquelas en una cesta de bambú o en el cestillo para cocinar al vapor.

5 Ponga a hervir un dedo de agua en el wok. Introduzca la cesta de bambú o el cestillo para cocinar al vapor y deje cocer los rollitos de pavo unos 5 minutos con el recipiente tapado. Sírvalos con salsa de soja.

60

Ingredientes

4 cucharadas de **vino de arroz**

1 cucharada de **salsa de soja**

4 filetes de **pavo** (60 g cada uno)

4 hojas de **col china**

sal

150 g de **gambas** (listas para cocinar)

1 cucharadita de **zumo de limón**

1 pizca de **jengibre** molido

1 cucharada de **eneldo** picado

80 g de **queso crema**

Ingredientes

8 hojas grandes de **acelga**

sal

1 **escalonia**

1 cucharada de **alcaparras**

2-3 ramitas de **perejil**

150 g de **atún** enlatado

1 cucharada de **nata líquida**

pimienta

4 filetes de **pavo** (60 g cada uno)

Rollitos de pavo
rellenos de atún

Preparación
PARA 4 PERSONAS

1 Escalde las hojas de acelga en agua salada, enjuáguelas con agua fría y déjelas escurrir bien.

2 Pele y pique la escalonia. Pique finamente las alcaparras. Lave el perejil y píquelo.

3 Desmigaje el atún con un tenedor y mézclelo con la escalonia, las alcaparras, el perejil picado y la nata líquida. Sazónelo con sal y pimienta.

4 Superponga 2 hojas de acelga y, sobre éstas, un filete de pavo y recúbralo con la crema de atún. Doble sobre sí mismos los lados más largos de las hojas y enróllelas a partir de los extremos estrechos. Coloque los rollitos en una cesta de bambú o en el accesorio para cocción al vapor. Repita la operación hasta agotar los ingredientes.

5 Hierva un dedo de agua en el wok. Introduzca el cesto de bambú y cueza los rollitos al vapor durante 5 minutos.

Pollo rebozado
con sésamo y hortalizas

Deliciosamente **crujientes:** los trozos de pollo aromáticos se recubren
con una capa fina de **semillas** de sésamo.

Ingredientes

1 **clara de huevo** · 150 g de **harina**

30 g de **maicena**

2 cucharaditas de **levadura en polvo**

sal · **pimienta**

8 cucharadas de **aceite vegetal**

10 g de **jengibre** molido

7 cucharadas de **salsa de soja**

5 cucharadas de **vino de arroz**

500 g de filetes de **pechuga de pollo**

300 g de **zanahorias**

2 manojos de **cebollas** tiernas

250 g de **gérmenes de soja**

2 cucharadas de **semillas de sésamo**

aceite para freír

Preparación

1 Para preparar la masa, bata la clara de huevo y mézclela con la harina, la maicena, la levadura en polvo, 200 ml de agua y la sal y la pimienta. Finalmente agréguele 6 cucharadas de aceite. Deje reposar la masa durante 30 minutos.

2 Mezcle el jengibre, 2 cucharadas de salsa de soja y 2 cucharadas de vino de arroz. Unte la carne con esta mezcla. Tápela y resérvela.

3 Pele y corte las zanahorias en tiras. Limpie y lave las cebollas tiernas y córtelas en tiras. Lave y escurra los gérmenes de soja.

4 Caliente el wok y vierta dentro 2 cucharadas de aceite. Saltee las zanahorias y las cebollas. Añada la salsa de soja y el vino de arroz restantes, así como 3 cucharadas de agua, y déjelo rehogar 5 minutos. Agregue los gérmenes, caliéntelos y sazónelos. Reserve la preparación al calor.

5 Limpie el wok y caliente el aceite para freír. Agregue el sésamo a la masa preparada. Reboce las porciones de pollo en la masa y fríalas en el aceite caliente unos 3 minutos, luego déjelas escurrir sobre papel de cocina. Acompañe el pollo rebozado con la mezcla de hortalizas.

Esta masa además es idónea para otros tipos de carnes como el pavo o el cordero. También puede recubrir trozos de pescado o verduras escaldadas de esta manera.

62

Pollo
con setas chinas

Esta forma de cocinar el pollo es habitual en China: las setas negras chinas, el puerro y las zanahorias lo convierten en el plato favorito de los aficionados a la comida asiática.

Ingredientes

12 setas negras chinas, secas

1 diente de ajo

1 chile verde

600 g de filetes de pechuga de pollo

1 cucharada de maicena

4 cucharadas de salsa de soja

8 cucharadas de vino de arroz

15 g de jengibre molido

125 g de puerros · 400 g de zanahorias

300 g de coliflor

6 cucharadas de aceite de soja

200 g de gérmenes de soja

sal · pimienta

1 cucharada de hojas de cilantro picadas

Preparación
PARA 4 PERSONAS

1 Rehidrate las setas en agua caliente durante 30 minutos. Pele el ajo, lave el chile y elimine las semillas. Píquelos ambos muy finos.

2 Corte los filetes de pechuga de pollo en tiras. Mezcle la maicena, la salsa de soja y el vino de arroz, añádales el jengibre, el chile y el ajo y adobe el pollo con esta mezcla durante 30 minutos.

3 Prepare y lave las hortalizas. Corte el puerro y la zanahoria en rodajas y separe la coliflor en ramitos.

4 Caliente el wok y vierta una cucharada de aceite. Saque la carne del adobo, déjela escurrir y dórela por tandas en el wok. Resérvela.

5 Caliente el aceite restante en el wok y saltee el puerro, las zanahorias y la coliflor hasta que estén al dente. Añada las setas, los gérmenes lavados y la carne. Vierta el adobo por encima y sazone con sal y pimienta, llévelo rápidamente a ebullición y mézclelo con el cilantro justo antes de servir.

Las setas negras chinas pueden sustituirse sin problema por otro tipo de setas, como por ejemplo 150 g de setas shiitake, champiñones u orellanas.

Pularda con hortalizas
y fideos de celofán

Preparación
PARA 4 PERSONAS

1 Lave y seque las pechugas de pularda, y córtelas en tiras estrechas. Mézclelas con la salsa de soja y déjelas adobar 30 minutos.

2 Precaliente el horno a 220 °C. Corte los pimientos por la mitad a lo largo y elimine semillas y membranas. Lave las mitades, colóquelas con la piel hacia arriba en el horno hasta que la piel se tueste y forme ampollas. Envuélvalas con un paño y déjelas enfriar. Pele los pimientos y córtelos en tiras finas.

3 Limpie las setas y córtelas en tiritas. Prepare y lave los tirabeques y la col china y corte esta última en tiras. Lave los gérmenes y déjelos escurrir.

4 Caliente 2 cucharadas de aceite en el wok y dore las hortalizas. Sálelas y resérvelas al calor. Pase las tiras de pularda por la maicena y fríalas en el aceite restante. Añada la pasta de curry, el jengibre y el cilantro. Incorpore por último los fideos de celofán y el caldo de pollo. Déjelo hervir 2 minutos más.

Ingredientes

4 pechugas de **pularda**

2 cucharadas de **salsa de soja**

1 **pimiento rojo**

1 **pimiento amarillo**

1 **pimiento verde**

100 g de **setas shiitake** · 100 g de **tirabeques**

200 g de **col china** · 150 g de **gérmenes de soja**

2 cucharadas de **aceite de sésamo**

1 cucharada de **maicena** · **sal**

½ cucharada de **pasta de curry roja**

1 cucharada de **jengibre** molido

1 cucharada de **hojas de cilantro** picadas

150 g de **fideos de celofán** cocidos

80 ml de **caldo de pollo** (o fondo de cocción de pollo)

Ingredientes

400 g de filete de **ternera**

5 cucharadas de **salsa de soja**

15 g de **setas negras chinas**, secas

6 **cebollas** tiernas · 1 **zanahoria**

100 g de **champiñones**

100 g de **tirabeques**

100 g de **mazorcas** de maíz mini

100 g de **judías verdes** finas

2 **dientes de ajo**

2 **chiles** secos

6 cucharadas de **aceite de sésamo**

10 g de **jengibre** molido

sal · pimienta

2 cucharadas de **jerez** seco

50 ml de **caldo de verduras**

Ternera guisada
con hortalizas y chiles

Preparación
PARA 4 PERSONAS

1 Corte la ternera en tiras muy finas, mézclelas con la salsa de soja y déjelas adobar 30 minutos.

2 Cubra las setas con agua hirviendo, hidrátelas y córtelas en trozos pequeños. Prepare y lave las hortalizas y córtelas en trozos pequeños.

3 Lave los tirabeques, el maíz y las judías. Escalde éstas 1 minuto y páselas bajo un chorro de agua.

4 Pele y pique el ajo. Muela los chiles en el mortero.

5 Caliente 4 cucharadas de aceite en el wok y sofría el chile, el ajo y el jengibre. Añada por orden las zanahorias, las judías, el maíz, las setas y las cebollas, y rehóguelos hasta que estén al dente; retírelos y resérvelos al calor. Saltee la carne en el aceite restante y mézclela con las hortalizas. Sazone con sal, pimienta, salsa de soja, jerez, caldo, lleve la salsa a ebullición y sirva.

Ensalada asiática
de rábano y papaya

Ligero y **crujiente**: los gérmenes de soja y los cacahuetes convierten este plato oriental en una delicia que seguramente recreará en los **días** veraniegos.

Ingredientes

250 g de **escalopes de cerdo**

1 **zanahoria** · ½ **papaya verde**

80 g de **rábanos** · 250 g de **pepino**

½ tallo de **hierba limonera**

3 **chiles rojos**

30 g de **cacahuetes**

4 cucharadas de **aceite de cacahuete**

250 g de **gérmenes de soja**

1 cucharada de **miel** líquida

1 cucharada de **salsa de soja** clara

1 cucharada de **salsa de pescado**

6 cucharadas de **zumo de limón**

sal · **pimienta**

1 cucharada de **hojas de cilantro** picadas

Preparación
PARA 4 PERSONAS

1 Corte los escalopes con un cuchillo de cocina afilado en tiras finas transversales.

2 Pele la zanahoria y córtela en tiritas finas. Elimine las semillas de la papaya, pele el rábano y corte ambos en tiras. Lave el pepino, córtelo por la mitad a lo largo y elimine las semillas. Corte la carne en tiras finas. Prepare y lave la hierba limonera y los chiles, y córtelos en rodajas muy finas.

3 Caliente el wok y tueste los cacahuetes sin aceite hasta que estén dorados. Déjelos enfriar y píquelos.

4 Caliente la mitad del aceite en el wok y saltee la carne cortada en tiras sin dejar de remover durante unos 5 minutos. Sáquela y déjela enfriar. Agregue al recipiente las tiritas de zanahoria, los gérmenes lavados, el chile y la hierba limonera y saltéelos unos 2 minutos. Retírelos del wok y déjelos enfriar.

5 Mezcle la miel con el aceite restante, las salsas de soja y pescado, el zumo de limón, la sal y la pimienta y amalgame con la carne y los ingredientes restantes.

Conseguirá crear una variante afrutada de esta ensalada asiática si sustituye la papaya por piña y la carne de cerdo por pechuga de pollo. Añada al adobo 1 cucharadita rasa de azúcar.

Cerdo
agridulce

No sólo es el plato favorito en China: la totalidad de sus ingredientes típicos hacen que esta especialidad clásica sea simplemente irresistible.

Ingredientes

750 g de solomillo de **cerdo**

50 g de **jengibre** fresco

4 **dientes de ajo**

3 **chiles rojos**

250 g de **tomates** · 500 g de **piña**

2 cucharadas de **aceite de sésamo**

2 cucharadas de **aceite de girasol**

4 cucharadas de **vinagre de arroz**

4 cucharadas de **salsa de soja** clara

4 cucharaditas de **jerez**

2 cucharadas de **azúcar**

250 ml de **caldo de pollo**

2 cucharaditas rasas de **maicena**

Preparación
PARA 4 PERSONAS

1 Lave la carne con agua fría, séquela y córtela en tiras finas.

2 Pele el jengibre y córtelo en rodajas muy finas. Pele el ajo y píquelo finamente. Lave los chiles, elimine las semillas y córtelos en tiras muy finas.

3 Pele los tomates, pártalos por la mitad, elimine las semillas y córtelos en dados. Pele la piña, elimine el corazón y corte la carne en trozos.

4 Caliente el wok y agregue los aceites de sésamo y girasol. Dore la carne. Añada el jengibre, el ajo y el chile y saltéelos brevemente. Incorpore el tomate y la piña y prosiga la cocción un momento. Agregue el vinagre, la salsa de soja, el jerez y el azúcar. Cúbralo todo con ³⁄₄ partes del caldo y mezcle los ingredientes.

5 Mezcle el caldo frío restante con la maicena y viértalo sobre la carne. Remuévalo bien y llévelo a ebullición durante unos 3 minutos.

Puede encontrar salsas de soja de diferentes características y orígenes. Como orientación, las indonesias y tailandesas son dulces; las japonesas, saladas y las chinas, ligeramente amargas.

Ternera
con hortalizas al jerez

Preparación
PARA 4 PERSONAS

1 Prepare y lave las hortalizas. Corte las zanahorias, el puerro y el apio en rodajas finas y el pimiento en tiras finas.

2 Corte el solomillo con un cuchillo de cocina afilado en tiras transversales de, aproximadamente, 1 cm de grosor.

3 Caliente el wok y agregue el aceite. Saltee las tiras de carne a fuego vivo unos 5 minutos. Saque la carne y resérvela al calor.

4 Reduzca el fuego, añada las hortalizas preparadas y saltéelas. Vierta el jerez, añada los guisantes y sazone el conjunto con la salsa de soja, la sal, la pimienta, el curry y la salsa hoisin.

5 Saltee las hortalizas unos 2 minutos más y sazone con sal y pimienta, en caso de que fuera necesario. Finalmente añada las tiras de carne y el perejil picado. Acompañe la ternera con arroz basmati.

72

Ingredientes

400 g de **zanahorias** · 200 g de **puerros**

100 g de **apio**

1 **pimiento rojo**

200 g de solomillo de **ternera**

3 cucharadas de **aceite vegetal**

8 cucharadas de **jerez**

100 g de **guisantes** (congelados)

2 cucharadas de **salsa de soja**

sal · pimienta · 1 cucharada de **curry**

1 cucharadita de **salsa hoisin**

1 cucharada de **perejil** picado

Ingredientes

500 g de **col rizada**

200 g de **setas shiitake**

1 **cebolla** pequeña

2 **dientes de ajo**

500 g de solomillo de **cerdo**

sal · pimienta

3 cucharadas de **aceite vegetal**

1 cucharadita de **jengibre** molido

1 cucharada de **curry**

100 ml de **caldo de carne**

3 cucharadas de **salsa de soja**

1 cucharada de **perejil** picado

Solomillo de cerdo
con col y setas

Preparación
PARA 4 PERSONAS

1 Corte la col por la mitad y elimine las hojas externas y el tronco. Lave las mitades y córtelas en tiras finas. Limpie las setas y córtelas en tiritas. Pele la cebolla y el ajo y píquelos finamente.

2 Corte la carne con un cuchillo de cocina afilado en sentido contrario a las fibras, primero en lonchas y luego en tiras. Sazónelas con sal y pimienta.

3 Caliente el aceite en el wok y saltee la carne a fuego vivo. Retírela del wok y resérvela al calor

4 Reduzca el fuego y saltee la col, la cebolla, el ajo y las setas sin dejar de remover. Sazónelos con el jengibre, el curry y la pimienta y vierta por encima el caldo y la salsa de soja. Déjelos hervir brevemente. Finalmente mezcle las hortalizas con la carne y el perejil.

Cordero al curry
con salsa de coco y lima

Un plato clásico preparado con la suave carne de cordero: las especias aromáticas
y la cremosa salsa de leche de coco constituyen un placer para la vista y el paladar.

Ingredientes

750 g de carne de **cordero** (de pierna)

1 **limón**

2 cucharaditas de **sambal oelek**

(pasta de guindillas indonesia)

2 cucharaditas de **azúcar**

1 cucharadita de **cilantro** molido

1 cucharadita rasa de **canela · sal**

pimienta

2 tallos de **hierba limonera**

50 g de **jengibre** fresco

3 **dientes de ajo**

3 **escalonias**

4 cucharadas de **aceite vegetal**

2 cucharaditas de **cúrcuma**

1 cucharadita de **curry**

375 ml de **leche de coco** no edulcorada

2 ramitas de **cilantro**

Preparación
PARA 4 PERSONAS

1 Lave la carne de cordero con agua fría, séquela y córtela en tiras finas regulares.

2 Lave el limón con agua caliente, séquelo y ralle la corteza. Córtelo por la mitad y exprímalo. Prepare un adobo con el zumo de limón, la ralladura, el sambal oelek, el azúcar, el cilantro, la canela, la sal y la pimienta y deje adobar la carne.

3 Lave la hierba limonera, divida el tallo por la mitad y córtelo en tiras. Pele el jengibre y córtelo en lonchas muy finas. Pele y pique el ajo y la escalonia.

4 Caliente el wok y añada el aceite. Dore el ajo, la escalonia, el jengibre y la hierba limonera. Agregue la carne y saltéela. Espolvoréela con cúrcuma y curry, mezcle bien. Vierta la leche de coco y deje hervir el conjunto unos 5 minutos.

5 Lave y seque el cilantro y corte las hojas de los tallos. Decore el curry de cordero con el cilantro y acompáñelo, si lo desea, con arroz basmati.

La carne de cordero tiene en primavera un aroma y un sabor muy delicado. Las primeras hierbas y la leche de la oveja dan a la carne de cordero una calidad excepcional.

Pescado y marisco

Fideos de arroz
con marisco

La mejor combinación: las gambas, el pulpo, las almejas y la albahaca se unen
en este plato para formar una extravagante fantasía de fideos a la tailandesa.

Ingredientes

200 g de **fideos de arroz** finos

100 g de **gambas** frescas, sin pelar

100 g de **calamar** fileteado

1 **cebolla** grande

3 **guindillas rojas**

3 **guindillas verdes**

3 ramitas de **albahaca**

3 **dientes de ajo**

3 cucharadas de **aceite vegetal**

100 g de **carne de moluscos**

(por ejemplo, de almejas o mejillones)

2 cucharadas de **salsa de ostras**

2 cucharadas de **salsa de pescado**

Preparación
PARA 4 PERSONAS

1 Remoje los fideos de arroz durante 10 minutos en agua tibia.
Viértalos en un colador y córtelos en trozos de unos 5 cm con
unas tijeras.

2 Lave las gambas, pélelas y elimine el conducto intestinal. Lave
el calamar y córtelo en tiras.

3 Pele la cebolla, lave las guindillas y elimine las semillas. Corte la
cebolla y las guindillas en tiras finas. Lave y seque la albahaca.
Separe las hojas de los tallos y pártalas con los dedos. Pele los
dientes de ajo y píquelos.

4 Caliente el wok y vierta el aceite. Sofría el ajo a fuego medio.
Agregue los mariscos y mézclelo todo bien. Vierta por encima
las salsas de ostras y pescado.

5 Agregue al wok los fideos escurridos y saltee el conjunto
3 minutos. Finalmente añada la albahaca y las tiras de
guindilla y cebolla. Mézclelo todo y saltéelo 3 minutos más.

**El sabor picante de este plato lo hace
ideal para los cálidos días veraniegos. Si
lo prefiere más suave, puede sustituir las
guindillas por un tallo de hierba limonera
picado.**

Pescado al curry
con arroz especiado

Suavemente condimentado: este curry de pescado gustará a los entendidos más **exigentes** gracias a los clavos, la canela y el azafrán.

Ingredientes

200 g de **arroz basmati**

3 **clavos**

1 trozo de **canela** en rama

1 cucharadita de **cardamomo**

600 g de filetes de **bacalao**

2 **escalonias**

2 **dientes de ajo**

20 g de **jengibre** fresco

2 ramitas de **cilantro**

2 cucharadas de **aceite de sésamo**

4 cucharadas de **aceite de soja**

6 cucharadas de **leche de coco**

sin edulcorar

2 cucharaditas de **curry**

1 cucharadita de **chile** molido

1 sobre de **azafrán**

1 cucharada sopera de **almendras**

molidas

1 cucharada de **zumo de limón**

sal · pimienta

Preparación

1 Lave el arroz en un colador bajo un chorro de agua fría, hiérvalo con el doble de su volumen de agua junto con los clavos, la canela y el cardamomo. Déjelo reposar unos 20 minutos.

2 Lave y seque el filete de pescado y córtelo en trozos del tamaño de un bocado.

3 Pele y pique las escalonias y el ajo. Pele el jengibre y rállelo bien fino. Lave y seque el cilantro. Separe las hojas de los tallos y píquelas groseramente.

4 Caliente el wok y vierta el aceite. Sofría las escalonias. Añada el ajo y el jengibre rallado y saltéelos brevemente.

5 Vierta por encima la salsa de soja y la leche de coco. Añada el curry, el chile, el azafrán, las almendras y el zumo de limón y sazónelo con sal y pimienta.

6 Añada los trozos de filete a la salsa y déjelos cocer unos 4 minutos a fuego moderado. Finalmente agregue el cilantro picado y acompañe el pescado al curry con el arroz especiado.

Rape
con col y lentejas

Preparación
PARA 4 PERSONAS

1 Corte la col por la mitad y elimine el tronco. Corte las hojas en tiras de 1 cm de ancho. Corte el pimiento por la mitad a lo largo y elimine las semillas y las membranas. Lave las mitades y córtelas en dados pequeños.

2 Corte el filete de pescado en trozos del tamaño de un bocado, y sazónelos con sal y pimienta. Bata ligeramente la clara de huevo y añádale la maicena. Pase el pescado por la clara de huevo y luego por las semillas de sésamo. Presione para que el rebozado se adhiera al pescado.

3 Caliente el wok y vierta el aceite. Dore los trozos de pescado por ambas caras durante 3 minutos. Retírelos y resérvelos al calor.

4 Agregue las hortalizas al wok y saltéelas 6 minutos a fuego moderado, sazónelas con el curry y la nuez moscada. Vierta el jerez, el caldo de pescado y el vinagre y deje que hierva brevemente. Mézclelo todo con las lentejas y déjelo cocer un poco más. Disponga el pescado sobre la preparación y sírvalo adornado con el perifollo.

Ingredientes

350 g de **col** rizada

1 **pimiento dulce rojo**

600 g de filetes de **rape**

sal · **pimienta**

2 **claras de huevo** · 2 cucharadas de **maicena**

80 g de **semillas de sésamo**

6 cucharadas de **aceite vegetal**

1 cucharadita de **curry**

1 pizca de **nuez** moscada

4 cucharadas de **jerez**

⅛ l de **caldo de pescado**

1 cucharada de **vinagre de jerez**

100 g de **lentejas** cocidas

1 cucharada de **hojas de perifollo**

Ingredientes

250 g de filetes de **lenguado**

250 g de **gambas**

sal · pimienta · 4 cucharadas de **zumo de limón**

2 tallos de **apio**

2 **calabacines** pequeños

1 **pimiento rojo**

4 **cebollas** tiernas

100 g de **setas shiitake**

5 cucharadas de **aceite vegetal**

3 cucharadas de **jerez**

1 cucharada de **maicena** · 1 cucharada de **curry**

1 pizca de **jengibre** molido

1 pizca de **cilantro**

3 cucharadas de **salsa de soja**

100 ml de caldo de **pescado**

Pescado salteado
con hortalizas al jerez

Preparación
PARA 4 PERSONAS

1 Corte el pescado en trozos. Sazone con sal y pimienta junto con las gambas y añada zumo de limón.

2 Lave las hortalizas. Córtelas en rodajas, tiras o dados.

3 Caliente el aceite en el wok a fuego vivo. Saltee el pescado y las gambas 3 minutos. Retírelos del recipiente y resérvelos al calor.

4 Añada las hortalizas al wok y saltéelas de 6 a 8 minutos, hasta que estén al dente. Vierta el jerez por encima.

5 Mezcle la maicena con las especias, añádale la salsa de soja y el caldo y mezcle bien hasta amalgamarlos. Vierta la mezcla sobre las hortalizas y déjelo hervir 3 minutos.

6 Mezcle el pescado y las gambas con las hortalizas y caliente el conjunto.

Bocaditos de pescado
con arroz de hortalizas

Pequeños y delicados: deliciosos bocaditos de pescado recubiertos con un rebozado crujiente, rápido y fácil de preparar.

Ingredientes

250 g de **arroz basmati**

1 manojo de **cilantro**

100 g de **brécoles**

100 g de **zanahorias**

50 g de **gérmenes de soja**

500 g de filetes de **pescado**

(por ejemplo, lenguado)

6 cucharadas de **zumo de limón**

sal · pimienta

harina para rebozar

2 **huevos**

1 cucharada de **aceite de sésamo**

1 cucharadita de **jengibre** molido

aceite para freír

Preparación
PARA 4 PERSONAS

1 Lave el arroz en un colador bajo un chorro de agua fría. Póngalo a hervir con el doble de su volumen de agua, sálelo y déjelo cocer a fuego lento. Lave el cilantro, sacúdalo, píquelo groseramente y mézclelo con el arroz hervido.

2 Lave los brécoles y pele las zanahorias. Divida los brécoles en ramitas. Cuartee longitudinalmente las zanahorias y córtelas en tiras finas. Lave los gérmenes y déjelos escurrir.

3 Corte el filete de pescado en tiras del tamaño de un bocado, rocíelas con el zumo de limón, déjelas marinar 5 minutos y sazónelas con sal y pimienta. Vierta la harina en un plato y bata los huevos en otro plato con 1 cucharadita de agua.

4 Caliente el wok y vierta el aceite. Saltee las hortalizas unos 5 minutos. Mézclelas con los gérmenes y el jengibre y sazónelas con sal y pimienta. Mezcle las hortalizas con el arroz hervido.

5 Limpie el wok, vierta una buena cantidad de aceite y caliéntelo. Enharine las tiras de pescado, páselas por el huevo y fríalas en el aceite. Colóquelas sobre el arroz con hortalizas.

Una salsa ideal para este plato: mezcle 3 cucharadas de salsa de soja con 1 cucharadita de sambal oelek, 1 cucharada de zumo de limón, 4 cucharadas de confitura de albaricoque y 1 pizca de jengibre.

Pescado agridulce
con jengibre y bambú

Preparación
PARA 4 PERSONAS

1 Corte el filete de pescado en trozos del tamaño de un bocado.

2 Pele el jengibre y el ajo y píquelos finamente. Prepare y lave las cebollas tiernas y córtelas en tiras muy finas. Escurra los brotes de bambú en un colador. Limpie los champiñones y córtelos en rodajas finas.

3 Caliente el wok, vierta el aceite y dore los trozos de pescado. Retírelos y resérvelos al calor.

4 Dore el jengibre y el ajo en el wok. Agregue los champiñones y saltéelos unos 3 minutos sin dejar de remover. Añada el chutney de mango, el vinagre, el jerez, la salsa de soja, el azúcar y el caldo.

5 Agregue al wok los trozos de pescado. Mezcle en una taza pequeña la maicena con 2 cucharadas de agua fría, vierta esta mezcla sobre el pescado y remueva rápidamente. Prosiga la cocción a fuego vivo unos 2 minutos más, luego sazone la preparación con sal y pimienta y sírvala.

Ingredientes

600 g de filetes de **pescado variados**

25 g de **jengibre** molido

2 **dientes de ajo**

2 **cebollas** tiernas

150 g de **brotes de bambú** (en conserva)

150 g de **champiñones** frescos

3 cucharadas de **aceite de girasol**

4 cucharadas de **chutney de mango**

5 cucharadas de **vinagre de arroz**

4 cucharadas de **jerez**

4 cucharadas de **salsa de soja**

2 cucharadas de **azúcar**

100 ml de **caldo de verduras**

1 cucharadita rasa de **maicena**

Ingredientes

100 g de **palmitos** (en conserva)

1 **pimiento amarillo** · 3 **cebollas** tiernas

20 g de **jengibre** fresco

3 **dientes de ajo**

400 g de filetes de **lubina**

2 ½ cucharadas de **tapioca**

sal · 3 cucharadas de **vino de arroz**

6 cucharadas de **tomate triturado** (en conserva)

1 cucharada de **azúcar moreno**

2 cucharadas de **vinagre de arroz**

1 cucharada de **salsa de soja**

4 cucharadas de **aceite de cacahuete** o de

semillas

87

Lubina
en salsa roja

Preparación
PARA 4 PERSONAS

1 Escurra los palmitos y córtelos en rodajas. Corte el pimiento por la mitad y elimine las semillas y las membranas. Lave las mitades y córtelas en tiras. Prepare y lave las cebollas tiernas y córtelas en rodajas. Pele y pique el jengibre y el ajo. Corte los filetes de pescado.

2 Mezcle 2 cucharadas de tapioca con 1 cucharada de agua, sal y 1 cucharada de vino de arroz. Marine el pescado 10 minutos en esta mezcla.

3 Mezcle el tomate, el azúcar, el vinagre y 2 cucharadas de vino de arroz con 4 cucharadas de agua, ½ cucharadita de tapioca y la salsa de soja.

5 Caliente el aceite en el wok, escurra el pescado de la marinada y dórelo. Retírelo y resérvelo al calor. Saltee el pimiento, las cebollas, el jengibre y el ajo durante 4 minutos. Agregue los palmitos y la salsa; cueza a fuego vivo 2 minutos. Añada el pescado y sirva.

Langostinos
con champiñones

Sabrosos langostinos y champiñones frescos: éste podría ser el plato favorito de Neptuno.

Ingredientes

600 g de **langostinos tigre**

(pelados y descabezados)

4 **cebollas** tiernas

200 g de **champiñones**

3 ramitas de **cilantro**

3 cucharadas de **aceite vegetal**

1 cucharadita de **chile** molido

1 cucharada de **maicena**

1 cucharadita de **tomate concentrado**

1 cucharadita de **azúcar**

2 cucharaditas de **jengibre** molido

sal · pimienta

8 hojas grandes de **lechuga iceberg**

Preparación
PARA 4 PERSONAS

1 Lave los langostinos en un colador bajo un chorro de agua fría, déjelo escurrir y séquelo con papel de cocina.

2 Prepare y lave las cebollas tiernas y córtelas en rodajas. Prepare los champiñones y córtelos por la mitad. Lave el cilantro, escúrralo y separe las hojas de los tallos.

3 Caliente el wok y vierta dentro 2 cucharadas de aceite. Saltee a fuego vivo las hortalizas unos 2 minutos. Póngalas a un lado del wok, añada 1 cucharada de aceite y tueste el chile. Agregue los langostinos y saltéelos unos 2 minutos.

4 Mezcle la maicena con 6 cucharadas de agua y el tomate concentrado y viértalo sobre los langostinos. Sazone con el azúcar y el jengibre molido. Mezcle las hortalizas con esta salsa y saltee el conjunto 1 minuto y sazone con sal y pimienta.

5 Mientras tanto, prepare una especie de cuenco amontonando pares de hojas de lechuga, rellénelas con la preparación de langostinos y decórelas con las hojas de cilantro.

Para preparar unos langostinos agridulces, elimine el jengibre. En lugar de éste, añada 2 cucharadas de pasta de tamarindo y 1 cucharada de azúcar de palma o moreno.

Langostinos agridulces
al pimentón

Preparación
PARA 4 PERSONAS

1 Bata ligeramente la clara de huevo y prepare una marinada mezclándola con el vinagre, el vino de arroz, la salsa de soja y el ketchup, sal y pimienta. Enjuague los langostinos con agua fría, escúrralos y marínelos 20 minutos en esta mezcla.

2 Corte los pimientos en sentido longitudinal y elimine las semillas y las membranas. Lávelos y córtelos en dados de 2 cm. Lave las cebollas tiernas y córtelas a rodajas. Lave la guindilla, elimine las semillas y píquela finamente.

3 Retire los langostinos de la marinada, déjelos escurrir y páselos por la maicena.

4 Caliente el aceite en el wok y saltee los langostinos. Retírelos del recipiente, tápelos y resérvelos al calor.

5 Saltee las hortalizas en el wok unos 5 minutos a fuego moderado. Sazónelas con jengibre, agregue la marinada y el caldo de pescado. Prosiga la cocción a fuego vivo unos 3 minutos más y añada los langostinos.

90

Ingredientes

1 **clara de huevo**

2 cucharadas de **vinagre balsámico**

4 cucharadas de **vino de arroz**

2 cucharadas de **salsa de soja**

1 cucharada de **ketchup**

sal · pimienta

20 **langostinos** grandes (pelados y descabezados)

2 **pimientos rojos**

4 **cebollas** tiernas

1 **guindilla picante roja**

2 cucharadas de **maicena**

8 cucharadas de **aceite vegetal**

1 pizca de **jengibre** molido

4 cucharadas de **caldo de pescado**

Ingredientes

1 **limón**

2 **dientes de ajo**

1 **guindilla picante roja**

4 cucharadas de **aceite de oliva**

sal

pimienta

24 **cigalas** grandes (peladas y descabezadas)

6 obleas de **papel de arroz**

1 **clara de huevo**

aceite para freír

unas hojas de **col china**

Cigalas envueltas
en papel de arroz

Preparación
PARA 4 PERSONAS

1 Corte el limón por la mitad y exprímalo. Pele el ajo y píquelo finamente. Lave la guindilla, elimine las semillas y píquela finamente.

2 Mezcle en un cuenco el zumo de limón con el ajo, el aceite de oliva, la guindilla, sal y pimienta para la marinada. Coloque las cigalas en una fuente poco profunda y cúbralas con la marinada. Déjelas reposar en la nevera unas horas.

3 Ablande las obleas de arroz entre paños de cocina húmedos. Cuartee cada hoja y pincele los bordes con clara de huevo batida. Envuelva las colas de las cigalas con los cuartos de oblea.

4 Caliente abundante aceite en el wok y fría las cigalas envueltas en el papel de arroz hasta que estén doradas. Dispóngalas sobre las hojas de col china y sírvalas. Si lo desea, acompáñelas con salsa chile agridulce.

Langostinos picantes
con gérmenes de soja

Se trata de un plato picante, tal como les agrada a los asiáticos: langostinos, gérmenes de soja y sambal oelek combinan maravillosamente.

Ingredientes

250 g de **fideos de huevo chinos**

sal

1 manojo de **cebollas** tiernas

1 **diente de ajo**

50 g de **gérmenes de soja**

3 cucharadas de **aceite vegetal**

16 **gambas** (peladas y descabezadas)

2 cucharadas de **maicena**

¼ l de **caldo de verduras**

½ cucharadita de **sambal oelek**

(pasta de guindillas indonesia)

1 cucharadita de **azúcar**

1 cucharada de **zumo de limón**

2 cucharadas de **tomate** concentrado

Preparación
PARA 4 PERSONAS

1 Hierva los fideos en agua salada según las instrucciones del envoltorio, enjuáguelos con agua fría y deje que se escurran.

2 Prepare y lave las cebollas tiernas y córtelas en rodajas. Pele el ajo, lave los gérmenes y deje que se escurran.

3 Caliente el wok y vierta 1 cucharada de aceite. Saltee las hortalizas hasta que estén crujientes, sáquelas y resérvelas al calor. Añada al wok el aceite restante y saltee los langostinos. Chafe el ajo, añádalo y prosiga salteando el conjunto.

4 Retire los langostinos al cabo de unos 8 minutos y resérvelos al calor. Sofría las cebollas tiernas, añada los gérmenes y saltee el conjunto unos 2 minutos.

5 Mezcle la maicena con el caldo y el sambal oelek, el azúcar, el zumo de limón y el tomate concentrado. Agregue esta mezcla al wok, llévela a ebullición y sálela.

6 Distribuya los fideos en cuencos, disponga por encima las hortalizas y los langostinos y cúbralos con la salsa.

Reconocerá los langostinos frescos por su aspecto muy brillante. Adquieren su color asalmonado durante la cocción.

Calamares
sobre un lecho de hortalizas

Cuando sirva este clásico y elaborado plato, sus invitados
sin duda lo sabrán apreciar.

Ingredientes

500 g de **calamares**

150 g de **tirabeques**

1 **pimiento amarillo**

1 **pimiento rojo**

200 g de **pepinos**

3 **dientes de ajo**

2 **chiles rojos**

1 manojo de **albahaca**

100 g de **gérmenes de soja**

5 cucharadas de **aceite de cacahuete**

3 cucharadas de **zumo de lima**

4 cucharadas de **salsa de soja** clara

Preparación
PARA 4 PERSONAS

1 Lave y seque los calamares. Ábralos por la mitad y realice cortes romboidales por la cara interna. Trocéelos.

2 Prepare y lave los tirabeques. Prepare y lave los pimientos y córtelos longitudinalmente en tiras finas. Lave el pepino, córtelo en sentido longitudinal, elimine las pepitas y córtelo en tiras finas. Pele el ajo, lave los chiles, elimine las semillas y píquelos muy finamente.

3 Lave la albahaca, sacúdala y separe las hojas. Escalde los gérmenes de soja durante 2 minutos y déjelos escurrir.

4 Caliente el wok y agregue 2 cucharadas de aceite. Saltee los trozos de calamar. Añada el chile y el ajo y prosiga la cocción mientras remueve durante 5 minutos más. Vierta por encima el zumo de lima y la salsa de soja y remueva. Saque los trozos de calamar y resérvelos al calor.

5 Caliente el aceite restante en el wok. Saltee los tirabeques y las tiras de pimiento. Agregue las tiras de pepino y los gérmenes de soja, y saltéelos brevemente. Añada los trozos de calamar y mézclelo todo con las hojas de albahaca.

Este plato resulta especialmente delicioso si utiliza calamar fresco. También puede usar la misma cantidad de anillas de calamar congeladas.

Índice de recetas

96

BLUME

Título original:
Wok

Traducción:
Maite Rodríguez Fischer

Revisión de la edición en lengua española:
Ana María Pérez Martínez
Especialista en temas culinarios

Coordinación de la edición en lengua española:
Cristina Rodríguez Fischer

Primera edición en lengua española 2002
Reimpresión 2002

© 2002 Naturart, S.A. Editado por BLUME
Av. Mare de Déu de Lorda, 20
08034 Barcelona
Tel. 93 205 40 00   Fax 93 205 14 41
E-mail: info@blume.net
© 2001 Verlag Zabert Sandmann GmbH, Múnich

ISBN: 84-8076-425-2
Depósito legal: B. 42.592-2002
Impreso en Egedsa, S.A., Sabadell (Barcelona)

CONSULTE EL CATÁLOGO DE PUBLICACIONES *ON-LINE*
INTERNET: HTTP://WWW.BLUME.NET

Créditos fotográficos

Sobrecubierta: StockFood/Susie Eising (portada); StockFood/S. y P. Eising
(contraportada, izquierda y centro); StockFood/Susie Eising (contraportada, derecha)

Walter Cimbal: 17, 29, 43, 47, 71, 75, 76–77, 95; StockFood/Klaus Arras: 15; StockFood/
Uwe Bender: 59; StockFood/Michael Brauner: 7/2. de siz; StockFood/Jean Cazals: 10–11, 13,
26, 69; StockFood/Walter Cimbal: 2–3, 8; StockFood/Alack Chris: 49, 81, 89, 93; StockFood/
James Duncan: 33, 57; StockFood/Eising: 7/sd; StockFood/Susie Eising: 4–5, 7/1. de siz,
7/3. de siz 9, 18, 19, 22, 25, 27, 30–31, 36, 37, 44, 45, 51, 65, 66, 72, 73, 85, 91; StockFood/S. y
P. Eising: 6/iz, 7/id; 23, 35, 39, 41, 52–53, 60, 61, 67, 79, 82, 83, 86, 87, 90; StockFood/Ulrike
Köb: 21; StockFood/Kai Mewes: 55; StockFood/Maximilian Stock LTD: 6/d; StockFood/
Viennaslide/Ellert: 7/4. de siz; Stock-Food/Jan-Peter Westermann: 63